南泉詩鈔

王萬芳著
王起孫整理

文史哲出版社印行

國家圖書館出版品預行編目資料

南泉詩鈔/ 王萬芳著. 王起孫整理. -- 初
版. -- 臺北市：文史哲，民 106.05
頁； 公分.
ISBN 978-956-314-368-0 (平裝)

851.481 106007262

南 泉 詩 鈔

著　　者：王　萬　芳
整 理 者：王　起　孫
出 版 者：文 史 哲 出 版 社
http://www.lapen.com.tw
登記證字號：行政院新聞局版臺業字五三三七號
發 行 人：彭　正　雄
發 行 所：文 史 哲 出 版 社
印 刷 者：文 史 哲 出 版 社
臺北市羅斯福路一段七十二巷四號
郵政劃撥帳號：一六一八〇一七五
電話886-2-23511028 · 傳真886-2-23965656

定價新臺幣五〇〇元

二〇一七年（民一〇六）五月初版

ISBN 978-956-314-368-0 85519

前言〈代序〉

南泉詩鈔為先曾祖父王萬芳先生詩集之一部份。經先祖父王起孫先生整理、謄寫成冊。而封面上的題辭「嚼之有味」大致代表了先祖父校點詩集時的心情。為了保留先人之詩文及遺墨，因而決定以電腦掃描，然後直接用圖像出版，以茲紀念。

王萬芳先生字季遠，號南泉識字耕夫，湖北省襄陽人士。生於道光二十九年〈西元一八四九年〉，卒於光緒二十九年〈西元一九〇三年〉。為光緒十五年進士〈二甲第二十一名〉。曾任翰林院編修等職。〈欲知王萬芳先生較詳盡之經歷等可上谷歌或百度搜尋及檢視。〉

王起孫先生字同慈，生於西元一八八九年，卒於西元一九七五年。宣統元年入前清法政學堂，歷經國體變更，於民國二年畢業。曾先後任職於北洋政府及國民政府司法體系，擔任推事、檢察官、法官等職。抗戰前，任最高檢察署檢察官。勝利還都南京後，曾兼任司法行政部主任秘書。著有《甌北七律淺註》等書。

王 群

西元二〇一七年，三月三十日

註：第三十六頁右上角數字遭墨水污染，感謝劉福華先生幫忙修圖復原。

嚼之青味

南泉詩鈔目錄

訂定簿冊第三號

寺定簿冊第三號

河北高等法院檢察處

南泉詩鈔

襄陽 王萬芳 季遠著

赤壁懷古

羣峯插天天逼窄。孤壁去天一千尺。大江日夜腳底號。江色倉皇壁色赤。昔者阿瞞稱英雄。橫槊勢欲無江東。連亙江心千鐵鎖。縱橫水面萬艨艟。颯然捲地東風作。楚人一炬供熏灼。百萬旌旗化劫灰。十丈黑雲高不落。頃刻一江噴波濤。窟裡蛟龍思遁逃。烏林今變作赤壁。尚有碧血不肯銷。血與赤壁同一色。人道周郎回天力。豈知漢家火德衰。賸有餘燄能燒賊。玉局仙本謫仙。自來黃州幾經年。扁舟一葉游壁下。蒼茫萬頃江吞天。

赤壁之游游何樂舟來風景已非昨劃然長嘯天地閒橫江一
鶻飛孤鶴孫曹伯業兩埃塵雪泥鴻爪跡成陳至今二賦見懷
古不弔伯業弔才人伯業才人俱已矣古往今來正相似我來欲
借仙人一十六管之洞簫吹開江月江風年年長如此

黃鶴樓懷古

危樓飛出插遙空劃然長嘯來天風舉手招鶴鶴不下令人
懷古意無窮古往今來千百載樓故依然人何在大江日夜去不
還四面青山青不改憶昔呂費諸仙班跨鶴來家酒肆前長
笛一聲人不見笑看人世幾桑田滄海桑田有時變不見孫曹
舊爭戰月明江上舳艫空波起水底蛟龍困誰把新詩題上頭

白雲黃鶴雨悠悠。大別山前日欲暮。烟波樹影故鄉愁。郎官湖上故人過。黃鶴樓中故人去。空憶月明武昌城。姑負春風三十度。山谷山人吟興豪。草色離離滿江皋。携酒來登最上級。石鏡南樓空蓬蒿。一自斯樓經兵火。雲飛月扃和烟墮。紅羊刼換十餘年。黃鶴山頭暮雲鎖。元戎滌蕩去江間。掃除芭壁如雲烟。更建故樓非故址。巋然勝迹壯津關。今我來鄂都。所思古人古。畫棟朝飛雲。珠簾暮捲雨。欲借仙人三尺之鐵笛。弄我梅花之一曲。招下黃鶴翩翩舞。

隆中謁武侯廟

赤符論感日。黃帝受命年。真人方崛起。世運極迍邅。濟難生良

弼扶危仰大賢管蕭才豈亞伊呂望應傳正壇隆中卧躬耕漢
上田時人殊莫許異客屢相延桑下時堪語床前拜獨虔琴彈
梁父曲書授石公編致遠箕原裕求聞念早蠲山河雖指掌風雨
但高眠豈料千秋業還開廿載先魚其思得水龍豈但潛淵漢主
隆壇拜周王叶渭田片言殊落爾三顧乃幡然遂有君臣契能令
感激偏沛鄉風再振火井燄重扇慘淡江南會崎嶇蜀道邊勢
爭三足鼎力闢半隅天荊益基堪樹孫劉好應全縱教成割據忍
使沒腥羶炎統忽中絕天心復未悛孤城懸白帝六尺託黃泉慷慨
出師表彌留顧命篇南征頻縱敵北伐屢揮鞭身瘁心無已時危
志益堅難酬先帝願忍說後人孱一自大星隕空嗟王氣遷陰平

旋失險孤子尚生捐復漢紓長榮中原仗仔肩大名垂宇宙遺迹照山川怪陣懸虵鳥空林泣杜鵑宅桑仍寂寞廟柏自芳鮮襄水留祠宇清歌入管絃遺珮薦蘋藻銅鼓雜喧闐憶昨瞻遺像清風拂几筵品論三代上業在兩宋前社稷思安奠乾坤重轉旋中興揮日月西域正烽烟勇并闗張敵勛誰耿鄧儔只疑天下士尚在此山巔

農罷四詠

鳴鳩喚罷隔斜陽煮繭繅絲處處忙滿腹經綸蜆醞釀一家機杼悟文章鼓心夜照三更火星眼朝懸半點芒遺製西陵猶彷彿始知盛世重蠶桑　繅車

一顧居然八尺軀任他非馬亦相呼莫嫌潦草成形象自

古泥塗困駿駒狂遇兒童甘箠楚身羈畎畝顧馳驅東郊
暫稅飛黃駕猶致香稻供御廚　秧馬
楊花一望撲如烟打稻聲中聽暮蟬架影亂翻村樹外杵聲
遥和晚風前抑揚自笑從人慣旋轉方知得力堅老卧農家
無用處曾隨名將効安邊　耞板
草廬歌歗故偷然又負犁鋤到陌阡原上泥沾三日雨溪頭
人荷一溪烟扶持暫假耕芉手凌勵修爭着祖鞭一自為
霖民望慰肯歸桑梓事田園　犁鋤

食甘蔗五言二十韻　得甘字

種向崑崙別名從佛經探植難踰淮北盛本自扶南

有節堅同竹無心實似菡連枝差可擬作杖詎能堪
雅愛黃金顙初抽翡翠篸斜裁春雨後飽饂夏霜
含一瓜包杷層層繭剝蠶冰刀剛試手碧玉乍開函
滑脆隨風折昭融滿雪涵瓊漿纔泛碗醁酒貯盈甗
渣滓消除盡英華咀嚼甘熱中嗟世慣牙後拾人漸肉
薄猶嫌荔皮皺未數柑相如最宜渴阮籍不能酣易
去憐盧病求來笑魏貪奴應龍眼借境記虎頭參好
備秦樽用仍嗤宋陸談貢常偕橘柚賜並出櫻籃曾
錫汾陽寵休傳妃子驂大官還更進幸荷聖恩覃
食譜還新訂嘉珎記舊耽種原移赤土味更說江潭夜

雨根初長春流節已湔一叢分子母幾輩護丁男影認
蒼琅直芽抽白玉鑽蓼花紅隱隱蘆葉碧毵毵冰雪心先
鍊風霜骨早諳熱腸何處滌冷眼有誰耽剛過浮瓜候時
偕賣杏擔老饕思咀嚼童稚話泥喃切玉光疑素登盤
色映藍沁脾頻領畧出手已穌醃滿座清如洗當筵樂
且湛引人殊入勝得味在回甘剥去憐抽繭鑽來笑飽蟫
贈思求魏帝法欲訪瞿曇橘遜秋黃老菱輸嫩紫
憨餘芳喉可潤佳境尾留婪竟想頭分百曾聞臂
中三日南鄉趣好芳果醰[香]醰
辛未十月初二日出都連日大風道中寒甚慨然有

作

于役嗟長道念此徙御艱我行初十日北風悲以酸驚飈
偃空林危枝愁難安一葉隕其下琤若擬琅玕肅氣
從北來蕭然滿關山有若百萬兵悲笳動地殷厲茲
沙漠區幽冥世所傳太陰乘柄令炎帝失其權燕雲
十六州白日自古寒廿年事行役慷慨發長嘆

魏家營

漢關烟塵汨斯營尚魏家捉刀真健者分履亦風華
故里織秋草荒台繡土花風流鄴下盡戍堞隱悲笳

同人讌集黃鶴樓四首 壬申

洞庭一葉下南國早經秋而我逢為客飄然來倚樓夕陽天
外沒估船鳥邊收坐對湖山晚蒼茫起暮愁
一病不知暑俄驚節序遷蛩投荒草砌人瘦菊花天落葉初
霜後寒鴉在雁前眼中秋意滿無處不翛然
地濶川原壯天高風雨遒客心正岑寂笛韻出江樓共有蕭條感
況兼離別憂暮雲晚來合一雁下寒洲
薄酒崢嶸綠孤燈寂寞紅樓凋時月見窗缺暗來風憶舊
悲歡集論詩愛悪公何緣消永夜付與醉鄉中

壬申長至日感賦

三年三度逢長至前在荊州後陝州（庚午行至荊州 辛未行至陝州）今落第還家

親亦喜不時需酒婦能謀忍看衣裳縫痕在却憶機中
錦字愁聞道西征問烽火燈前含笑看吳鈎

送程大之山東 癸酉

君家萬山西我家襄水北少小同鄉邑長大共研席醉訪銅
鞮花狂吟漢皋月一別十餘年此樂難再得人生紛聚散豁
若風振葉我騎羸馬來帝都君亦棄蹇游江湖那知異鄉
客復共灯火夕燕山八月新氣涼風飄桂子蟾宮香置酒復
高會一笑兩茫茫明朝別我東山東思君猶在長安中

出都口號 甲戌

去國意不適出門心浩然霜風戰枯野朔雁擊遥天旅食

隨行處歸期動隔年江湖萬里夢今夜已情牽

海內敦風義諸君溯大權尺書勞慰遠樽酒話天寒共道

還家好翻愁行路難臨岐倍惆悵思繞碧雲端

清風泉 在直隸定州清風店有碑書清風泉

夕陽不到地微頳挂牛背稍映疎松閒搖曳有餘態依依

遠邨烟杳杳暮山靄獨立聽流泉清風吹衣帶

途中聞割麥揷禾有感

綠楊陰護白沙堤野鳥聲中自灌畦無麥無禾復無

雨勞君辛苦盡情嗁

曉發漕河 大霧

溟濛一片白挂在東樹東須臾雲霧散知是朝日紅雞鳴節
屋裏人在綠烟中却看漕河上波光迴不同

歸途雜興 甲戌冬

利鎖名韁了不扃翔鴻天際任冥冥歸途莫訝心情淡尚
愛西山入眼青

十年騎馬客京華休道征夫不憶家昨夜夜深有歸夢夢
歸蘇嶺種梅花

工部入川詩逾老子瞻過海筆縱橫怪來出語增悲壯昨
歲盡龍塞上行

颯颯南風五兩輕過河先自莫歸程家山此去無多路乞

放天工十日晴

又從大驛得棲遲往事分明費容思夜半天寒風又烈挑燈

自起補　詩

渡滹沱

行行過易水望望值滹沱白日邊關遠黃雲沙磧多由來

爭戰地憑眺一悲謌不見常山守寒烟冪碧波

謁盧生祠

滄海桑田有變遷紛紛塵世羨神仙劉憐一覺封侯夢小謫

紅塵四十年

重過盧生祠

盧生祠下去來經仙枕黃粱事杳冥道上終年車馬
逐幾人酣睡幾人醒

丁丑除夕

絕塞二年容閒關萬里身遙憐除歲日永夜憶慈
親骨肉方懽聚音容忽已陳傷哉倦游子不及未歸
人

塞上曲

胡姬纖手擘黃羊更撥琵琶進酪漿夜半清歌声
轉急不知帳外有飛霜
營門落日慘悲笳萬里雲山一片沙不用更嗟邊塞

遠漢宮今盡虜為家

塞上歌

一山劃斷中原界千山萬山分相會長城盡處是青天行人更向青天外城頭飲馬匆匆去今夜不知何處住預愁歸夢被山遮馬上着鞭屢回顧

戰場花

戰場花淡白與深紅枝枝迎曉日葉葉舞春風春風十里看花詠人說前朝覆軍處不論深紅與淡白白是征人骨紅是征人血

隴頭水

悲莫悲於隴頭之水聲苦莫苦於水上之行人隴水嗚咽
流不止一聲未絕一聲起聲起聲絕時迸入客心裏人言
隴阪極天長問君何不返故鄉

喜吳荊湄自都至 在灤陽

昔別歲云暮今來春正初聽鶯逢上苑把酒話鄉閭重以
故人意兼之遠道書足音殊可喜媿莫報瓊琚 時携有同年黃星槎書
騎馬城南路同尋小杜游驅車烟塞北同上仲宣樓我尚慚
羈勒君真似白鷗憑歸問黃九一為破離愁

青石梁

梯棧在鉤連危巖處處懸不知山崱屴但見路迴旋影

逼諸天小青圍大漠圍吾生談險阻努力着征鞭

熱河雜詠

羈縻前代府路入柳城遍酷雪多於雨奇峯青削天衣冠帶漢俗歌管奏神絃（俗喜演劇自正月二日至午節始罷）他日南歸客應誇塞上篇

河水寒偏熱山莊夏亦寒（行宮有避暑山莊）磬峯沙麗㝡（在一平岡上高約數十尋上圓下銳形如倒錐度其跡不過十許圍皆沙石融結而成頂有桑樹覆垂如瓔珞其椹大者如栗煮酒可以延年俗呼棒鎚山高宗定其名曰磬錘峯）獅嶺石巑岏（獅子園山石奇特）花木邀宸賞樓臺入畫看六龍巡幸地巖谷尚鳴鑾

見說清涼境（山莊有無暑清涼額）仙風吹客過四時無暑到六月得秋

多草長還從矩 大内草俗呼規矩草以其不上輦路如有尺寸也 魚寒不出河 園中為温泉所源岩上有

聖祖暖液晴波摩岩熱河水冷不產魚蝦惟行宮内有之以其為温泉之地耳 一聲空外櫂前渡採

菱歌

猴兒嶺下路松隱寺門開是日重三節香車寶馬來湖

山容對酒賓從況多才向晚聯歸騎城頭起暮埃

高樓當絕塞春望轉蕭條河帶長城急山連大漠驕

花飛故國金粉似南朝日暮愁鄉思寒鐘動地搖

天地涵濡久遙遙二百年邊人不走馬野老愛歸田尚

以北門重屢需東閣賢班生文筆健誰繼勒燕然

風光最初夏鄉國恐難如家家碧甕酒郎郎黃花魚

清美非吾土言旋復舊廬不須俟君卜歸傍鹿門居

出古北口作

風雪滿天地我來關塞行正逢孤雁叫倍苦别離情仗劍
心雖北思家淚欲傾莫誇書記美阮瑀誤時名

出古北口呈瑞睦菴將軍

駐馬懸崖上風沙漠漠開萬山蒼翠裏一綫塞垣來吾輩
那至此明公方愛才男兒感意氣莫上李陵台

將入都道出灤平文新三通守遮留署中信宿始去

復此天涯聚征途破寂寥故人情眷眷一夜雨瀟瀟病似因家
起愁須借酒銷譚深兼惜别不寐到明朝

地僻無城郭邨屋四五家綠垂當路果紅落隔墻花吏散時行飯
官閒自煮茶鄰翁肯相過一為話桑麻
萬山青不斷一水白縈洄此地一為別何年復再來狂歌燕市
酒落日李陵台醉卧君休笑乾坤轉倦閒
君才非百里學道是吾徒小試鉛刀手能膺赤□區舊邊多
苦戰新政在寬租他日光循吏應傳鄭俠圖

八月初五日夜雨

羇懷常慘澹秋至倍分明況此風雨夕其無別離情暗蛩藏石
罅寒柝響空城萬慮紛搖落寥寥天地清

張賓君世文以劉務滋吳文鹿唱和詩見示因題其末奉呈

兼寄劉吳二子

劉子風流殊倜儻吳生才調自恢張一時二妙吾能說熊掌兼魚亦不妨

石鼎聯吟韓與鮑松陵唱和陸兼皮何當更製雲藍紙盡寫襄陽播揺詞 播揺詞一作掘拓一作撞拓見溫李詩集

哭李蓮生 蓮生應朝考入都以病未與試卒于途時聞其尚未渡黃河也

客至傳山耗同人淚盡垂憐君猶有母歎汝尚無兒竟委連城寶深藏大壑姿蘭膏從易盡楚澤有餘悲

握手臨歧路光陰瞬息間明知成死別猶冀及生還白日馳何速黃河渡竟艱可憐依閭者朝暮望刀環

早授生花筆多成古錦囊詩驚韓吏部名動賀知章上帝須才俊長庚墮彩芒騎鯨或歸去跨鶴尚未翔

臺築黃金少樓成白玉多生才原不數天意欲云何未貢荊山璞先凋碧海柯蕭條蘅芷盡楚些不堪歌

别筵同李紫侯作 時紫侯将之長沙

征雁叫秋烟征人上别船月明三五夜客去九秋前翠袖圍紅燭金樽潑綺筵斷腸吾已甚莫扣洞庭舷

春興

邊城常苦雪漠漠嬾雲遮一雨得春意四山皆杏花小橋低覆水亂石細眠沙看易新晴透相尋賣酒家

陝州同周雲舫姻丈復言別

浮雲人世改十載又相逢亂後驚鄉信燈前憶舊容話長更漏短酒淡客愁濃明發故山去應憐野鶴蹤

鞏洛道中

崖上人家有徑通斷猨渺渺柿林中怪來詩骨寒如許身在萬山烟雨中

經漢司隸校尉李膺墓下作

龍門標峻望馬鬣起高墳籍挂東林黨名超後又羣居人衛樵牧過客酬笠雲莫問前朝事清流禍始君

磁州竹枝詞

磁州城外半漁磯中婦臨流日浣衣小女前溪賣菱芡一雙灘鴻入門飛

趙州橋

趙州城外月欲㪚趙州城上風倒吹橋邉來往人如織一半遮留為酒旗

六月十五夜出郡城至盧家畈遥望黃龍寺作

向夕發籃輿披涼涉蘿嶺蟲鳴山逾幽月出樹猶影仙境了可即傪筞未能整徘徊風露間不覺衣裳冷

風帆

南風江上來高浪排雪山舟輕帆易飽百里瞬息間來

村紛狎跡去影無留觀篙師袖手坐談笑忘波瀾客子歷
事久回顧且忽喧請君卸蓬脚急流自古難

洲上玩月

月出東海隅照我江洲上洲露凄已盈洲沙素方廣游自
攬清輝臨風結遥想情人殊未來誰與茲夕賞

漢上留别胡岱青比部

漢津烟柳碧參差漢上孤帆客去遲失路正當秋盡後
懷人多是日斜時飄零蘅芷悲南國浩蕩江湖夢後期
為計北轅逢驛使山梅肯寄一枝枝

秋江晚眺

挂席乘風便臨秋眺望奢山青雲作樹江白浪為花遠
雁向空盡寒流逐岸斜不知今夜月只是漁家 近

舟夜聞雁歸思浩然用孟公早寒有懷原韵

北雁征南度霜花滿地寒南人逢北嚮旅思苦無端淚迸
隨聲落影孤憐共看稻粱吾故拙前路浩漫漫

下第北歸

得得舟車幾送迎勞勞書劍兩無成天高碣石看鴻度秋
滿南樓聽月明聽望劉賁生媿色虛聞羅隱未知名武
昌城外千楊柳淚眼西風送客行

題畫

七尺茆簷三尺籬扶筇日日到雲涯梅花一夜開成雪香過溪橋人未知

黃菊開時酒價廉新詩賣得買園尖秋來無日不堪醉一笑熊魚我欲兼

遣興

嬌兒解趂人纔過二年春學語鶯簧澀問名駒齒新瞋眉不自見嚬笑總天真索果隨兄鬧翻書畏父嗔聰明固勝我秀慧更無倫好守青箱業榮門莫厭貧

悼亡十六首

一坏黃土即天涯廿載匆匆負歲華昨夜堦前合歡

草被風吹作斷腸花
記曾相見便相憐形影人誇小比肩薄命誰知成短
折埋香瘞玉總悽然
歷遍春風秋雨時孤燈然盡淚痕滋新愁舊恨分明
在祇有當年一枕知
家累徧為胥叟遊晨昏禮數幾曾修感卿此事難相
報底事黃泉不少留
醉鄉日日便為家豪飲歡呼笑語譁夜半酒醒卿獨
生孤燈猶自煮新茶
每依讓室笑語喧魂魄夜歸向鹿門愁煞慈親倚閭

望。好音猶自盼生孫。
也曾問卜更求神。二竪摧殘總夙因。病入膏肓渾不
覺。笑顏强慰白頭人。謂岳丈周子温
邪皺無端熾禍胎。那堪酷暑更相摧。夜台風露悽清
甚。惆悵無人取冷来。
無端唳鶴與驚風。四載相依類轉蓬。貧賤夫妻哀已
甚。那堪俱是亂離中。
兩度秋風仍報罷。歸來還憶下機時。功名得失原知
命。累爾偏為慰藉詞。
欲行先自定歸期。卿病已成又别離。盼斷南天雲樹

訂定簿册第三號

渺孤帆江上太歸遲

荷鍤劉伶死便埋每因好酒損形骸夜深泣向床頭諫

自歎卿言亦復佳

食少焉能望早痊細腰豈要惹夫憐只令麥飯來相

祭一勺無多拜墓前

常言弱骨太支離後顧茫茫未可知生是工愁兼善

病歛窗終日鎖雙眉

盈懷點點化瓊瑰妖夢偏能為爾哭一事無言空有

淚滿身骨恨到泉台

營奠營齋事渺然淒涼盼斷墓門烟酬卿佈施

終何益況是王郎乏俸錢

失題

如何天道惡紅顏薄命翻疑造物慳情重例難留濁世緣深未肯入仙山秋風莫化齊蟬怨夜月空嗁杜鵑殷恨海茫茫填不得長添波浪到人間

秋興

涼風一夕至落葉滿城飛秋意已如此旅人仍未歸閒望添客淚見雁憶寒衣何日鹿門下垂竿坐釣磯

過沮溺偶耕處

昔賢甘避世於茲同隱淪我來下車處不見偶耕人落

日淡將夕野風吹白蘋終年事奔走不敢問迷津

過湯陰岳廟

何處合招魂峨峨古廟存六州當日錯三字到今寃
泥馬悲南渡靈旗向北翻枌榆曾有地惆悵薦芳蘩

渡黃河

一曲一千里渾源日夜流直從星宿海橫過帝王州咫尺天難
問騰掀地亦愁奇觀有如此吾欲泛扁舟

伏城驛中贈彈琵琶女

我行日以北前值滹沱水與夫褰裳過水深不濡軌常
山古作郡中有龍興寺同輩二三人相約訪遺址望望城

東隅上方隨禪喜剔蘚讀碑記出郭日西逝是時小雨
後流泉絕清美行行重行行暝色四圍起長途勞苦頓
古驛新投止主人問酒漿僕夫憇行李欵來彼何人有翩
者二女大女及二八小女及三五殷勤前致辭似勞征人苦
手抱琵琶彈未彈先聞語自言京邑人生長萬花塢
往者黃巾亂蹂躪及近里燕南及代北唯劫焚殺擄縣縣
無完村村村無完戶幸賴王師集一戰靖疆宇孰料大
兵後旱潦紛繼起高田為焦原低田為泥滓家世本農民
力田無生理宛轉辭父母流離別桑梓忍淚彈琵琶佯
歡被紈綺不惜十指瘁但求悅人耳紅顏非昔時命薄

真如紙流落走風塵終當異鄉死我時聞此言慷慨不能已國朝厚風化皇仁播遐邇聖君及賢相經制皆官禮學校王道終井田王政始又有良司牧教養求經緯其士知義節其女知廉耻其下無盜賊其民無遷徙不見京邑女彼獨非人子我生無才柄迂儒令人鄙拙計到衣食私憂乃爾爾安得監門圖上言達黼扆作為此詩辭請告采風史

正定登興隆寺大悲佛閣

晏歲涉長途羈懷莽誰訴常山三日留冥坐乏佳趣侵晨理短筇言尋東林去靈境何年開神光前

日護飛棟鬱崢嶸層櫓錯迴亙到門僧雛迎入林
杯茗具指點說莊嚴導我登覺路危樓躡一綫從
游㯃相顧拾級輕猱升窺窗鳥飛渡有時徑蛇盤强
半磨蟻附目轉乍愕眙踵旋時逆拒奮身忽一擲已
在最高處四面敞雕櫺軒豁畢呈露恒岳從西來滹
沱向東注漠漠薊北雲濛濛燕南樹壯哉三輔圖及茲
梯米聚叱咤生風雲俯仰興懷慕隋唐及宋元歷刼凡
幾度茲寺幾興廢一一碑版據物理故難論成毀皆有數
佛相本來無浮雲隨點污因觀不壞身頓發天人悟扶節
下夕陽山色悠然暮我佛悄不言風鈴答人語

漳水弔魏武帝 有銅雀台故址

漳河之水日夕奔清流濁流無時分我來憑弔發深喟
漢魏過眼如烟雲曹瞞此地曾稱雄倜儻頗鄰開國風
許都鼎移鄴都去二十四葉炎運終耀武河朔臨遼東
貔貅百萬旌旗重南趨吳會千艨艟橫槊賦詩光如虹
晚歸漳水臨舊宮台上雀逐雙青銅金釵十二隊綺羅三
千叢妍歌妙舞何雍容植也侍前丕也後一家詞賦紛
追從一旦西陵生白草山邱零落那可道烏鵲橋邊明月
凄鴛鴦瓦上霜華早無復當筵奪錦袍短歌對酒不
能豪蕙帷夜寂笙歌散香履春沈蘭麝銷殯宮宲歷

野花紫風打漁燈跌欲死雀兮早飛入漳水無令他人摩
挲片瓦辨真僞噫嘻吁銅雀台已寒烟老瞞魂魄何来還

為李和笙題其尊人暨太夫人遺稿

周詩十五國南風實首陳採風不及楚江漢詠猶新
王迹一以熄頌篇因之淪楚之騷振逸響哀怨激靈均
行吟大澤畔芳草無田春湘君鼓瑶瑟山鬼趨紛綸
新辭特瑋麗言放義何醕疑山青嶷嶷湖之水瀰
瀰後來微有作吾將問美人
美人在何許乃在衡山陽年少盛光耀儀容清且揚家世
本闕右連騎在上方愛弄銀牙管佩帶紫香囊阿承

有息女（太夫人為黃花耘先生令息虎痴先生四姪也）託身君子行氷玉既齊瑩琴瑟亦並鏘綠牋報秦嘉汝和予則唱君如梁伯鸞妾亦為孟光

凰乃鳳之匹文采象明離飲啄青琅玕雙棲碧梧枝梧枝苦夜寒竹實苦朝饑饑寒逼鳳去使我孤凰悲南湖草正綠送君江之湄飄飄水上萍日暮將何依家居令志短毛羽苦低飛已謂道里遠人情更嶮巇山深多虎豹水流藏蛟螭行矣請自愛還當歌式微

南登會稽穴遥望岣嶁山故山不可見日夕蒼梧烟美人適遥土相思凋朱顏剡溪有古籐可以為綠牋持贈瑤華音

因之魚腹傳淩風會一往安得生羽翰
少陵客耒陽青蓮依遊子愛愛千古人皆以異鄉死君年
未逮之而亦重罹此長轡騁天閶倏忽中道委盈盈湘
娥淚斑斑湘竹紫高柔願多乖向平心未已辛苦返靈
輀殷勤畫荻華剪紙且招魂魂兮歸故里
陰陽鼓造化萬物冶一鑪予齒乃去角才命少並途缺一句
胡為置微軀長安多卿相駟馬原高車朝出金張館暮
謁史許廬如何蓬華士家家元亭居饑煮方朔字愁
著虞卿書三載越溪上題詠滿西湖嗜奇口有賦味
道色轉腴造物固難測賢哲位置殊灼灼木槿華終朝榮

已枯蒼蒼松柏質歷久節不渝

裴将軍 此題有誤

大君制六合猛將靖九垓戰馬若龍虎騰陵何壯哉將軍臨北荒烜赫耀英才劍舞躍游電隨風縈且迴登高望天山白雪正崔巍入陣破驕虜威聲雄震雷一射百馬倒再射萬夫開匈奴不敢敵相呼歸去來成功報天子可以畫麟台

戲仿元白誇州宅詩 二首

一樓空壓東南道想像登臨雙眼開五夜星辰朝玉座八方風雨會蓮台雲連綠樹浮城動潮湧青山接席迴我

是維摩文學椽移居合得住蓬萊
鏡湖風月絕堪憐州宅今番傲樂天地有栴檀香較近鄰
通舟灶客疑仙閉門各就千秋業見月還思對榻眠莫
厭從今來往熟陸兄棋在屋東偏

有感寄李新甫四首

襄陽自古稱衝要防寇今憑水一隈數載幾經戎馬苦千
山盡換杜鵑哀民愁無路呼天訴將欲居功祝賊來底事
臨風增惆悵闕河北望滿蒿萊
江左安危仗謝安如何拜將媿登壇官軍不戰先聞捷庸
吏無才轉疑團民困但知從賊樂位高翻覺報恩難邑中

離難方滋甚帳下笙歌夜未闌
功罪模糊兩不言誰知閫内禁譁喧未能殺賊先邀賞豈
解行兵但教奔鐵騎常屯今自肅金貂偏揷勢尤尊可
憐白首沙場卧何日能消新鬼寃
如毛羣盜久難平肅穆旌旗望大營已拚封侯投健筆更
從年少請長纓將軍想自談韜畧野老幾曾見戰爭拔
劍出門何處去誰憐文弱是書生

懷人詩

詞壇夙將有楊雲拔幟能教驚一軍此日傷亡同敬禮更誰
曉事定文君 亡友均州楊香東先生

都門三謁絳幃秋俄送文旌入益州臨別翻言公誤我惹人
熱淚苦難收　南皮師

軍門沈沈鼓如雷斜月平臨西敵台露氣滿衣人不覺新
從短李論詩回　湘潭布衣李和笙

靈光一夕隕江城八載依依弟子情今日春風亭下過蒼
苔一步愴重行　黃陂金侍御師

喜友人至

孄嫚山門久不開從教曲徑點蒼苔呼僮縛帚躬勤掃
會有幽人問字來

雨夜有懷鄭大

別來一日已逢春乍覺相思隔歲真今日樵樓樓下雨
銜泥買醉共何人

睡起

乳燕翳婗噪曉風鐘魚初散午堂空驚回一覺羲皇
夢竟日不離方丈中

擬杜子美游何將軍山林 用原韻十首

聞道將軍宅朝開第五橋清風生絕壑丹閣出重霄幽興偶相
得一樽還見招因過怡野性未覺後期遙
山水情長往園林夏亦清石欄看數鴨綠樹引嗁鶯燒筍誇新
味烹 餉野羹晚涼添逸興步屧繞籬行

亂徑穿雲入危橋獨木支花深猨過澗人靜鷺窺池竟日空忘
返幽情只自知誰憐倦遊客心事漸離披
落日牛羊下荒陂雁鶩閒映花栽野竹帶雨摘園梅水繞玻璃
去山橫翡翠來移樽聊避暑肯為破蒼苔
頗有堪攜石尤多未見花暗林嗁鴶鵴大澤蟄龍蛇泉石誰相忌
烟霞興所賒自憐官事少不向此中家
雨氣微沾席風聲亂入泉酒闌情徙倚茶罷話纏綿山鳥能窺
客溪魚不賣錢幽期看未踐遺思滿山川
檐宇馴輕翼簪裾染衆香行依林作障最愛夏生涼驟雨溪聲
近叢深鹿跡藏忽聞菱歌起烟水晚蒼蒼

昔游襄水上曾到習家池落日斜烏帽清風生接籬醉過大堤
女狂拍欄街兒浩蕩江湖路栖遲願未隨
籬醉延涼月溪流雜斷雲招尋多勝事飄泊媿能文高枕泉聲
落窺簾曙色分明朝嗟失侶短髮白紛紛
宴賞從今始追陪奈老何歸山吾意晚流水客情多窮拙真無
事疎狂日放歌後期判長短珎重再來過

河北高等法院檢察處